하루 한 병 산뜻하고 가볍게
# 디톡스 워터 라이프

DETOX WATER LIFE

# DETOX WATER LIFE

하루 한 병 산뜻하고 가볍게 **디톡스 워터 라이프**

• 이진희 지음 •

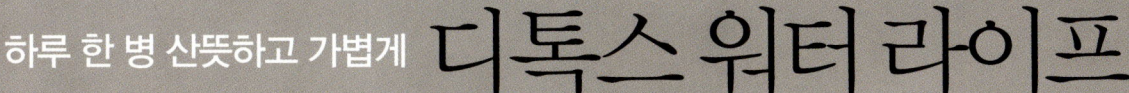

종이와 나무

PROLOGUE

## 물, 어디까지 마셔봤니?

동물이든 식물이든, 생명을 가진 모든 존재는 '물' 덕분에 그 생명을 유지할 수 있습니다. 물 없이 살 수 있는 생물은 이 세상 어디에도 없지요. 물은 생명을 유지시켜줄 뿐만 아니라 건강까지도 지켜줍니다. 아프리카의 영유아 사망률이 높은 첫 번째 이유는 바로 깨끗한 물을 구할 수 없기 때문입니다. 이렇게 물은 사람을 살리기도 하고 죽이기도 하며 건강을 유지시켜 주기도 하고 반대로 해치기도 합니다.

건강과 생명 유지에 가장 중요한 물의 올바른 섭취 방법은 무엇이고 양은 얼마나 될까요. 세계보건기구에서 권하는 하루 물 권장량은 키와 몸무게에 따라 조금씩 다르지만 평균 2ℓ입니다. 한꺼번에 많은 양의 물을 마시는 것은 위에 부담을 줄 수 있으니 피하고, 일어난 직후와 잠자리에 들기 전, 식사 전후 2시간 정도, 운동으로 땀을 배출한 직후 등에 마시는 것이 좋습니다.

물론 날마다 2ℓ의 물을 마시지 않아도 당장 건강에 문제가 생기지는 않습니다. 하루 한두 잔, 최소한의 갈증만 해소되어도 살아가는 데 큰 문제가 없으니까요. 주위를 둘러봐도 그렇습니다. 바쁜 일상 속에서 하루 2ℓ의 물을 꼬박 챙겨 마시는 사람이 많을까요, 정신없이 일하느라 물 한 잔 제대로 마시지 못하는 사람이 많을까요. 게다가 아무 맛도 없는 맹물을 하루에 2ℓ씩 마시는 일은 결코 쉬운 일이 아닙니다.

하지만 충분한 물을 마시지 못하는 상태가 오랫동안 계속되면 몸 안의 노폐물이 배출되지 않고 쌓이면서 여러 가지 문제가 나타납니다. 소화기능이 약해지거나 변비가 심해지고, 몸이 쉽게 부어오르거나 지치고 피곤해집니다. 여기에 일상 생활에 파고들어 더 이상 피하기 어려워진 미세먼지와 중금속에 오염된 식재료, 다양한 식품 첨가물 등이 몸속에 유해물질을 추가하면서 문제가 더욱 심각해집니다. 이런 노폐물과 유해물질은 불면증, 두통, 스트레스, 우울감, 식욕 저하, 노화 등 다양한 건강 저하의 원인이 됩니다.

몸속에 축적된 중금속과 노폐물들을 몸 밖으로 배출시키는 것을 해독(解毒), 혹은 디톡스(detox)라고 합니다. 디톡스를 위한 가장 간단한 방법은 하루 2ℓ의 깨끗한 물을 마시는 것입니다. 문제는 실천이 어렵다는 것이지요. 하루에도 몇 번씩 물을 챙겨 마시는 건 학업이나 업무로 바쁜 현대인에게 생각처럼 쉬운 일이 아니거든요. 맹물보다는 커피나 탄산음료 같은 자극적인 맛에 더 익숙하기도 하고요.

'디톡스 워터'는 물을 마셔서 몸속 독소를 제거하길 원하지만 맹물 마시기가 쉽지 않은 사람들을 위해 미국에서 탄생한 쉽고 즐겁게 물 마시는 방법입니다. 만드는 법은 아주 간단합니다. 물에 자신이 좋아하는 과일 두세 조각, 허브 한두 줄기를 넣고 냉장고에 보관한 뒤 24시간 이내에 마시면 됩니다. 달콤하고 새콤한 과일향과 상큼한 허브향이 은은하게 어우러져 누구나 가볍게 마실 수 있고, 과일을 주스로 갈아마실 때 파괴되기 쉬운 영양소도 물에 넣어 만들면 수용성 비타민과 미네랄, 식이섬유 등이 우러나와 체내 흡수율이 높아지거든요.

디톡스 워터는 맛과 향이 좋아 누구나 마시기 쉽고, 만들기 간단하고, 몸속 노폐물과 유해물질을 배출시켜 해독을 돕는다는 점 외에도 특별한 장점이 있습니다. 바로 '시각적인 만족감'을 준다는 것입니다. 디톡스 워터를 만들고 마시는 과정에서 과일과 허브가 색색깔로 어우러지며 만들어내는 예쁘고 향긋한 순간을 눈으로 감상해 보세요. 기분이 상쾌해지며 하루가 즐거워질 것입니다.

《하루 한 병 산뜻하고 가볍게 디톡스 워터 라이프》는 여러분에게 건강에 좋은 물을 맛있고 즐겁게 마시는 여러 가지 방법을 소개합니다. 이 책에서 소개하는 다양한 레시피를 통해 취향에 맞는 나만의 디톡스 워터를 만들어 보세요. 한두 번 마신다고 바로 모든 독소가 배출되고, 건강이 좋아지지는 않습니다. 이 책과 함께 피부와 건강을 위해 꾸준히 디톡스 워터를 마시는 습관을 만들어 보세요.

CONTENTS

**PROLOGUE** 물, 어디까지 마셔봤니? 4

## CHAPTER 1
### 디톡스 워터 준비하기

| | |
|---|---|
| 필요한 도구 및 제품 | 15 |
| 과일 고르기 & 손질법 | 16 |
| 디톡스 워터에 좋은 물 | 18 |
| 디톡스 워터 만들기 | 20 |

## CHAPTER 2
### 테이스티 디톡스 워터 tasty detox water

| | |
|---|---|
| 레몬 + 딸기 + 애플민트 | 24 |
| 풋사과 + 오이 + 애플민트 | 26 |
| 방울토마토 + 자몽 + 로즈메리 | 28 |
| 오렌지 + 블루베리 + 애플민트 | 30 |
| 라임 + 오이 + 딜 | 33 |
| 레몬 + 장미 + 리치 + 레몬밤 + 코코넛 워터 | 34 |
| 레몬 + 블루베리 + 라즈베리 | 36 |
| 딸기 + 키위 + 오이 + 바질 | 39 |
| 천도복숭아 + 리치 + 레몬밤 | 40 |
| 청포도 + 레드글로브 + 블루베리 + 스파클링 워터 | 42 |

**영국식 홈메이드, 코디얼 시럽 만들기 • 44**

## Chapter 3

### 스위트 디톡스 워터 sweet detox water

| | |
|---|---|
| 체리 + 파인애플 + 코코넛 워터 | 48 |
| 오렌지 + 당근 + 타임 | 50 |
| 자몽 + 라임 + 로즈메리 | 52 |
| 라임 + 딸기 + 리치 | 55 |
| 체리 + 살구 + 로즈메리 | 57 |
| 레몬 + 체리 + 바질 | 58 |
| 오렌지 + 바나나 + 레몬밤 | 60 |
| 청포도 + 라임 + 딜 | 62 |
| 골드키위 + 딸기 + 레드글로브 + 애플민트 | 64 |

**디톡스 아이스큐브, 아이스바 만들기 • 66**

## Chapter 4

### 플레버리 디톡스 워터 flavory detox water

| | |
|---|---|
| 오렌지 + 시나몬 스틱 + 팔각 | 70 |
| 복숭아 + 살구 + 시나몬 스틱 | 72 |
| 펜넬 + 토마토 + 바질 + 통후추 | 75 |
| 사과 + 시나몬 스틱 | 76 |
| 파인애플 + 리치 + 팔각 + 코코넛 워터 | 78 |
| 토마토 + 셀러리 + 정향 | 80 |
| 레몬 + 오이 + 타임 | 82 |
| 펜넬 + 셀러리 + 비트 | 85 |
| 라임 + 생강 + 레몬그라스 + 바질 | 86 |
| 사과 + 배 + 레몬밤 + 팔각 | 88 |

**DETOX & SPICE STORY • 90**

## CHAPTER 5

### 릴렉싱 티톡스 워터 relaxing teatox water

| | |
|---|---|
| 그린티 + 레몬 + 애플민트 | 94 |
| 히비스커스 + 오렌지 + 생강 | 96 |
| 캐모마일 + 오렌지 + 자몽 + 애플민트 | 98 |
| 마테 + 라임 + 레몬그라스 + 애플민트 | 100 |
| 루이보스 + 바나나 + 카카오닙스 | 102 |
| 그린티 + 오렌지 + 타임 | 104 |
| 히비스커스 + 로즈힙 + 레몬 + 블루베리 | 106 |
| 루이보스 + 오렌지 + 딸기 | 109 |
| 캐모마일 + 천도복숭아 + 복숭아 | 110 |

**DETOX & HERB STORY • 112**

## CHAPTER 6

### 이지 디톡스 워터 easy detox water

| | |
|---|---|
| 레몬 + 오렌지 + 용과 | 116 |
| 레몬 + 자몽 + 골드키위 | 118 |
| 레몬 + 풋사과 | 120 |
| 레몬 + 라임 + 자몽 + 사과 | 122 |
| 레몬 + 사과 + 비트 | 124 |
| 레몬 + 파인애플 + 키위 + 오렌지 | 126 |

## CHAPTER 1

# 디톡스 워터 준비하기

새콤달콤한 맛에 청량한 향기, 비타민까지 듬뿍 품고 있는 디톡스 워터를
만들고 즐기기 위해서는 무엇이 필요할까요?
간단한 준비물과 함께 손쉽게 만드는 방법, 알아두면 좋은 사항들을 소개합니다.

# 필요한 도구 및 제품

**밀폐용기**
유리병이나 보틀, 커다란 텀블러, 유리 주전자, 물통 등을 사용한다. 디톡스 워터를 담기 전에 반드시 깨끗하게 씻고 열탕 소독한다.

**조리 도구**
칼과 도마, 슬라이스 채칼, 필러 등 과일과 채소를 자를 때 필요하다.

**채소브러시**
과일 껍질을 세척하는 솔이나 수세미도 필요하다.

**재료**
취향에 맞는 과일과 채소, 허브, 차(tea), 건조 과일 등을 준비한다. 허브는 인터넷 쇼핑몰과 대형 마트에서, 건조 과일은 데일리디톡스(http://dailydetox.co.kr) 등에서 쉽게 구입할 수 있다.

## 과일 고르기 & 손질법

과일과 채소는 껍질에 영양분이 가장 많이 들어 있다. 영양분을 그대로 섭취하기 위해서는 싱싱한 것을 껍질째 사용하는 것이 좋다. 디톡스 워터에 들어가는 재료는 기본적으로 국내산 유기농 제품으로 고르고, 국내에서 생산되지 않을 경우 세척에 최대한 신경을 써야 한다.

### 레몬, 자몽, 라임, 오렌지 씻기

① 깨끗한 물에 3~5분 정도 담가둔다.
② 베이킹소다를 뿌려 꼼꼼하게 문지르고 흐르는 물에 씻는다.
③ 굵은 소금으로 과일 표면을 문지른다.
④ 식초를 섞은 물에 10분 정도 담근다.
⑤ 끓는 물에 살짝 담갔다 꺼낸다.

### 레몬
레몬은 손에 들었을 때 묵직하고, 껍질이 매끈하고 윤기가 나며, 향기가 진한 것으로 골라야 싱싱하고 맛있다. 수입 과일 특성상 표면에 왁스 코팅 처리가 되어 있어 철저한 세척이 요구된다. 사용하고 남은 레몬은 절단면을 접시 쪽으로 놓고 랩을 씌워 냉장 보관한다.

### 라임
청신한 아침 공기를 마시는 것처럼 상큼한 라임은 열매가 익으면 껍질이 얇아지고 노란색을 띤 초록색이 된다. 과육 속에 씨가 없는 것이 좋으며 일주일 정도 상온 보관이 가능하다. 신문지에 싸서 냉장 보관하면 싱싱함이 더 오래 간다. 레몬과 같은 방법으로 세척한다.

### 오렌지
달콤한 향기가 매력적인 오렌지를 고를 때는 모양이 둥글고, 손에 들었을 때 묵직한 무게감이 느껴지고, 표면이 매끄러운 것이 좋다. 크기가 작을수록 껍질이 얇고 당도가 높다. 오렌지 껍질에는 과육보다 두 배 이상의 비타민C가 들어 있다.

### 자몽
전체적인 모양이 둥글고 손에 들었을 때 묵직한 것이 좋다. 자몽을 눌렀을 때 형태를 그대로 유지하는 것이 과즙이 꽉 차 있어 신선하고 맛있다. 디톡스 워터를 만들 때 자몽 특유의 달지 않고 쌉싸름한 맛이 입에 맞지 않다면 껍질을 벗기고 사용하는 것이 좋다.

### 체리
체리는 과실이 크고 단단하며 표면에 윤기가 흐르고 꼭지가 시들지 않은 것으로 고른다. 잘 익어 신선한 체리는 적갈색을 띠며 당도가 높다. 디톡스 워터에 넣을 때는 소금물에 1~2분 정도 담갔다가 흐르는 물에 헹구고 반으로 잘라서 사용한다.

### 살구
과육이 단단하고 껍질에 상처가 없으며 주황빛이 골고루 퍼져 있는 것이 좋다. 새콤달콤하게 잘 익은 살구는 과육이 쉽게 무르는 편이라 냉장실에 넣는 것이 좋다. 깨끗이 씻은 살구를 반으로 잘라 씨를 분리한 후 냉동실에 보관하며 디톡스 워터에 사용해도 좋다.

### 딸기
딸기는 과육이 큼직하고 통통한 역삼각형에 상처가 없고 만졌을 때 단단하며 씨앗이 선명하게 돋아난 것으로 고른다. 색깔이 붉고 꼭지는 싱싱하며 향기가 강한 것이 당도가 높다. 꼭지를 따지 않은 상태로 씻어야 비타민C 손실이 적다. 먹기 전에 꼭지를 제거한다.

### 복숭아
알이 크고 단단하며 표면에 상처가 없고 냄새를 맡았을 때 달콤한 향이 진한 것이 잘 익은 복숭아다. 0℃보다 낮은 온도에서 복숭아를 보관하면 특유의 맛과 향이 약해지니 주의할 것. 디톡스 워터에 넣을 때는 흐르는 물에 여러번 씻어 껍질의 잔털을 제거하고 얇게 잘라 사용한다.

## 디톡스 워터에 좋은 물

디톡스 워터를 만드는 기본 재료는 바로 '물'이다. 그런데 이 물에도 종류가 있다. 디톡스 워터를 만들 때 사용하면 좋은 여러 가지 물을 소개한다.

### 블루솔라 워터

와인병과 같은 파란 유리병에 물을 채운 후 햇빛이 비치는 장소에 1시간 정도 두면 블루솔라 워터가 된다. 푸른색을 통과하는 빛이 물과 만나면서 육각수가 되고 건강 회복과 스트레스 완화에 도움을 준다. 금속 마개가 아닌 플라스틱이나 코르크 소재 등으로 된 마개를 사용한다.

### 미네랄워터

칼슘, 마그네슘, 인, 칼륨 등의 미네랄 성분이 들어있는 물을 미네랄워터 또는 광천수(鑛泉水)라 한다. 미네랄은 인체에 꼭 필요한 영양소인데 음식을 통해서만 섭취 가능하다. 미네랄이 함유된 물을 마시면 건강에 도움이 되지만 특유의 맛이 있고 과일에 따라 성분이 쉽게 추출되지 않을 수 있다.

### 코코넛 워터
코코넛 워터는 칼로리가 낮고 섬유질이 풍부해 다이어트와 변비에 좋고, 바나나보다 많은 칼륨이 몸속 나트륨과 각종 노폐물을 배출시켜 해독을 돕는다. 전해질과 미네랄이 풍부해 갈증 해소에 좋고 사이토카인과 라우르산 등 항산화물질이 노화를 방지한다.

### 스파클링 워터
미네랄과 칼슘이 풍부한 스파클링 워터를 공복에 마시면 포만감을 주어 식사량 조절과 다이어트에 도움이 된다. 톡톡 쏘는 느낌이 매력적인 탄산이 침 분비를 도와 소화가 잘 되게 하고, 장 운동을 활성화시켜 변비 개선에도 효과적이다.

# 디톡스 워터 만들기

기본적인 디톡스 워터를 만드는 방법은 정말 간단하다. 먼저 기본적인 방법을 익히고 자신만의 취향에 따라 적절한 과일과 허브를 추가해 보자.

❶ 소독할 용기가 들어갈 사이즈의 냄비를 꺼내 바닥에 깨끗한 키친클로스를 깔고 물을 채운 다음 뚜껑을 분리하고 입구가 아래로 가도록 거꾸로 세운다. 찬물에 용기를 넣고 물을 끓이기 시작해야 용기가 깨지지 않는다. 끓는 물에 5~10분 정도 소독한다.

❷ 용기 소독이 끝나면 뚜껑을 모아 끓는 물에 넣고 1~2분 정도 지나면 꺼낸다.

❸ 소독한 용기와 뚜껑을 물방울이 남지 않도록 최대한 털어준 뒤 청결한 키친클로스 위에 올려놓는다. 용기를 똑바로 세우면 열기가 위로 빠져나가기 때문에 건조 시간이 단축된다.

### ❶ 재료 손질하기
과일과 채소, 허브를 깨끗하게 세척하고 필요한 양만큼 잘라낸다. 사과나 라임, 레몬, 자몽 등이 가진 수용성 비타민과 식이섬유, 칼륨, 펙틴, 구연산 등을 최대한 우러나오게 하려면 과일을 껍질째 얇게 써는 것이 좋다. 하지만 딸기나 리치처럼 쉽게 물러지는 과일은 재료 그대로 사용하거나 1~2조각 정도로 자른다.

### ❷ 용기에 담기
열탕 소독한 용기에 손질한 과일을 보기 좋게 담는다.

### ❸ 물 붓기
취향에 따라 준비한 물, 스파클링 워터, 코코넛 워터 또는 차를 과일이 담긴 용기에 붓는다.

### ❹ 마시기
물을 부은 용기는 뚜껑을 닫아 바로 냉장고에 넣는다. 4~5시간이 지나면 맛과 향이 우러나기 시작하니 맛을 보고 마셔도 좋다. 완성된 디톡스 워터는 24시간 이내에 다 마신다.

**Q&A** ── **Q 디톡스 워터의 효과가 궁금해요.**

**A** 과일에서 우러난 새콤달콤한 맛과 허브에서 배출된 신선한 향기가 담긴 디톡스 워터는 만들기 간단하고, 맛있고, 보기에도 좋아 물 마시는 것을 수월하게 도와줍니다. 재료에서 녹아 나온 수용성 비타민과 식이섬유 등이 몸속 노폐물과 유해물질을 밖으로 내보내고, 칼륨이 이뇨 작용을 도와 붓기를 제거하고, 폴리페놀이나 타닌, 안토시아닌 같은 항산화물질이 노화를 방지합니다. 물론 이런 효과는 디톡스 워터를 꾸준히 마셨을 때 나타난다는 점을 명심하세요.

# Chapter 2

## 테이스티 디톡스 워터
tasty detox water

상큼한 레몬, 신선한 딸기, 향긋한 애플민트와 로즈메리… 풍미 가득한 과일과
허브로 만든 달콤한 디톡스 워터가 독소들은 비워내고 비타민은 채워줍니다.
하루 2ℓ, 행복한 수분 충전 타임을 시작하세요.

# 레몬 + 딸기 + 애플민트

새콤한 레몬과 달콤한 딸기가 사과 향이 솔솔 나는 애플민트를 만나 상쾌함 그 자체가 되는 디톡스 워터입니다. 감기 예방과 스트레스 완화, 식욕 억제에 효과적이에요.

## Ingredients

물 1ℓ
레몬 1/2개
딸기 5개
애플민트 1줄기

## Recipe

1. 깨끗이 씻은 레몬을 반으로 잘라 껍질째 3~4mm 두께로 얇게 썬다.
2. 딸기는 꼭지를 자르고 2~3조각으로 썬다.
3. 풍미를 더하기 위해 애플민트를 준비한다.
4. 유리병에 레몬, 딸기, 애플민트를 예쁘게 담고 물을 붓는다.
5. 냉장고에 넣은 뒤 24시간 이내에 마신다.

## CHECK

✢ 입구가 넓은 유리병을 사용하면 과일을 넣기 편리하다.
✢ 냉장고에 넣고 4시간 후부터 마실 수 있다.

# Tasty detox

LEMON
STRAWBERRY
APPLEMINT

# 풋사과 + 오이 + 애플민트

풋사과와 애플민트의 향기가 시원한 오이와 만나 여름에 참 잘 어울리는 디톡스 워터가 완성돼요. 수용성 식이섬유인 펙틴이 풍부한 풋사과와 칼륨 함량이 높은 오이가 노폐물 제거에 탁월한 효과를 보여줍니다.

## Ingredients

물 1ℓ
풋사과 1/2개
오이 1/2개
애플민트 1줄기

## Recipe

1. 풋사과를 깨끗이 씻어 반으로 자르고 3mm 두께로 썬다.
2. 세척한 오이는 꼭지를 자르고 얇게 썬다.
3. 유리병에 풋사과, 오이, 애플민트를 넣고 물을 가득 채운다.
4. 뚜껑을 닫고 냉장고에 넣어 24시간 이내에 마신다.

# Tasty detox

GREEN APPLE
CUCUMBER
APPLEMINT

# 방울토마토 + 자몽 + 로즈메리

풍부한 비타민을 가진 방울토마토와 새콤 쌉쌀한 자몽, 신선한 로즈메리의 향기가 어우러져 신체에 활력을 불어넣어 주는 디톡스 워터입니다. 칼로리가 낮아 다이어트를 할 때 마시면 좋아요.

## Ingredients

물 1ℓ
방울토마토 5~8개
자몽 1/2개
로즈메리 1줄기

## Recipe

1. 깨끗이 씻은 방울토마토를 반으로 자른다.
2. 솔로 문질러 씻은 자몽을 슬라이스 채칼로 얇게 썬다.
3. 흐르는 물에 로즈메리를 씻는다.
4. 준비한 병에 방울토마토, 자몽을 넣고 로즈메리를 예쁘게 세운다.
5. 물을 붓고 뚜껑을 닫아 냉장고에 넣고 우려낸 뒤 마신다.

# 오렌지 + 블루베리 + 애플민트

달콤한 과즙과 기분 좋은 향기를 가진 오렌지는 항산화작용이 뛰어나고, 안티에이징과 면역 기능 강화에 도움이 돼요. 콜레스테롤 수치와 혈압을 낮추는 데도 좋답니다. 블루베리와 함께 섭취하면 눈 밑 다크서클이 환해져요.

## Ingredients

물 1ℓ
오렌지 1/2개
블루베리 20개
애플민트 1줄기

## Recipe

1. 깨끗이 씻은 오렌지를 반으로 자른 뒤 3~4mm 두께로 얇게 썬다.
2. 블루베리와 애플민트를 깨끗하게 씻는다.
3. 유리병에 오렌지, 블루베리, 애플민트를 넣고 물을 채운다.
4. 뚜껑을 닫아 냉장고에 넣고 24시간 이내에 마신다.

## CHECK

✤ 블루베리는 생과와 냉동 모두 사용 가능하다.

# Tasty detox

ORANGE
BLUEBERRY
APPLEMINT

# 라임 + 오이 + 딜

갈증이 심한 날에는 레몬보다 더 새콤달콤한 라임과 수분 가득한 오이, 시원한 향기의 딜을 넣은 디톡스 워터를 추천합니다. 시원하게 갈증을 해소하고 몸속 노폐물 배출을 도와 다이어트에 효과적입니다.

## Ingredients

물 1ℓ
라임 1/2개
오이 1/2개
딜 2줄기

## Recipe

1. 라임과 오이, 딜을 깨끗이 씻는다.
2. 라임과 오이를 슬라이스 채칼로 얇게 썬다.
3. 유리병에 라임, 오이, 딜을 넣고 물을 채운다.
4. 냉장고에 넣고 24시간 이내에 마신다.

# 레몬 + 장미 + 리치
# 레몬밤 + 코코넛 워터

하루 일과를 마무리할 때 상큼한 레몬향과 그윽한 장미향이 퍼지는 디톡스 워터를 마셔보세요.
장미꽃잎의 폴리페놀 성분이 몸속 활성산소를 없애고 피부를 재생시켜 탄력 있게 만들어 줍니다.

## Ingredients

물 250ml
코코넛 워터 250ml
레몬 1/2개
장미꽃잎 10g
리치 7개
레몬밤 1줄기

## Recipe

1. 깨끗이 씻은 레몬을 반으로 잘라 껍질째 3~4mm 두께로 얇게 썬다.
2. 장미는 꽃잎을 떼어내 흐르는 물에 씻고, 리치는 껍질을 벗긴다.
3. 레몬밤을 톡톡 두드려 향을 낸다.
3. 유리병에 레몬, 리치, 레몬밤을 넣고 장미꽃잎을 사이에 넣어 장식한다.
4. 물과 코코넛 워터를 붓고 냉장고에 넣어 보관한다. 코코넛 워터는 취향에 따라 가감한다.
5. 24시간 이내에 마신다.

# Tasty detox

LEMON
ROSE
LYCHEE
COCONUT WATER

# 레몬 + 블루베리 + 라즈베리

유독 눈이 피로하고 다크서클이 심한 날이라면 레몬, 블루베리, 라즈베리를 넣은 디톡스 워터를 마셔보세요. 레몬과 라즈베리의 비타민이 피부를 환하게 만들고, 블루베리의 풍부한 안토시아닌이 눈의 피로를 풀어줍니다.

## Ingredients

물 1ℓ
레몬 1/2개
블루베리 10개
라즈베리 10개

## Recipe

1. 깨끗이 씻은 레몬을 반으로 자른 뒤 3~4mm 두께로 얇게 썬다.
2. 블루베리, 라즈베리를 물에 헹군다.
3. 유리병에 레몬, 블루베리, 라즈베리를 넣고 물을 가득 채운다.
4. 냉장고에 넣고 24시간 이내에 마신다.

# Tasty detox

LEMON
BLUEBERRY
RASPBERRY

# 딸기 + 키위 + 오이 + 바질

달콤한 딸기와 키위에 오이와 바질의 산뜻함이 더해져 스트레스 완화에 좋은 디톡스 워터가 완성됩니다.
오이, 키위에 많은 칼륨이 불필요한 수분을 배출시켜 붓기를 없애줘요.

### Ingredients

물 1ℓ
딸기 5개
오이 1/2개
키위 1개
바질 5장

### Recipe

1. 딸기는 꼭지를 자르고 2~3조각으로 썬다.
2. 키위는 껍질을 벗기고 3~4mm 두께로 둥글게 썬다.
3. 오이는 슬라이스 채칼로 얇게 썬다.
4. 바질은 흐르는 물에 깨끗하게 씻는다.
5. 유리병에 손질한 딸기, 키위, 오이, 바질을 넣는다.
6. 물을 붓고 뚜껑을 닫아 냉장고에 넣고 우려내어 마신다.

# 천도복숭아 + 리치 + 레몬밤

가스가 차서 배가 아플 때, 생리통이 심할 때, 심신이 지치고 피곤할 때 달콤한 향기 가득한 디톡스 워터로 힘든 몸을 달래주세요. 펙틴과 섬유질, 폴리페놀 성분이 많은 천도복숭아가 장 운동을 촉진하고 레몬과 비슷한 향기를 가진 레몬밤이 기분을 상쾌하게 만들어 줍니다.

### Ingredients

물 1ℓ
천도복숭아 1/2개
리치 7개
레몬밤 2줄기

### Recipe

1. 천도복숭아, 리치, 레몬밤을 깨끗이 씻는다.
2. 천도복숭아는 반으로 잘라 씨를 제거하고 3mm 두께로 썬다.
3. 리치는 껍질을 벗긴다.
4. 깨끗한 병에 천도복숭아, 리치, 레몬밤을 넣고 물을 붓는다.
5. 뚜껑을 닫고 냉장고에 넣어 24시간 이내에 마신다.

# Tasty detox

NECTARINE
LYCHEE
LEMON BALM

# 청포도 + 레드글로브
# 블루베리 + 스파클링 워터

청포도, 레드글로브, 블루베리는 몸속 노폐물과 독소를 배출하는 데 탁월한 효과를 가진 과일이에요. 톡 쏘는 스파클링 워터와 포도의 단맛이 잘 어울려요.

## Ingredients

스파클링 워터 500ml
청포도 10알
레드글로브 5알
블루베리 10개

## Recipe

1. 청포도, 레드글로브, 블루베리를 씻는다.
2. 청포도와 레드글로브는 껍질째 반으로 썰고 씨를 제거한다.
3. 유리병에 청포도, 레드글로브, 블루베리를 넣고 스파클링 워터를 따른다.
4. 뚜껑을 닫아 냉장고에 넣고 24시간 이내에 마신다.

# Sweet detox

GREEN GRAPE
RED GLOBE
SPARKLING WATER

## 영국식 홈메이드, 코디얼 시럽 만들기

코디얼(Cordial) 시럽은 영국을 비롯한 유럽의 각 가정에서 제철 과일을 그 다음 계절까지 즐기기 위해 허브, 꽃, 스파이스 등의 재료를 추가해 여러 가지 방법으로 끓여 만든 시럽이다. 각종 요리에 곁들일 수 있고 물이나 스파클링 워터에 섞어 음료 대용으로 즐길 수도 있다. 주스처럼 신선하고 달콤한 맛이 나 남녀노소 누구나 좋아하는 코디얼 시럽을 직접 만들어보자. 여기에 소개하는 두 가지 레시피 외에도 들어가는 재료를 바꾸면 자신만의 코디얼 시럽을 만들 수 있다.

### 라임+민트 코디얼 시럽

**Ingredients**

물 200ml
라임 1개
민트 50g(또는 건조 민트 25g)
꿀(또는 비정제 설탕) 100g

**Recipe**

1. 라임을 베이킹소다, 굵은 소금, 식촛물 등을 이용해 깨끗하게 씻는다.
2. 그레이터로 라임 겉껍질만 벗긴다.
3. 껍질을 벗긴 라임을 반으로 잘라 즙을 짠다.
4. 흐르는 물에 민트를 씻는다.
5. 냄비에 분량의 물을 넣고 끓기 시작하면 준비한 민트와 라임 겉껍질을 넣는다.
6. 약불에서 5분 정도 끓이다가 민트와 라임 겉껍질을 체로 거르고, 꿀 또는 비정제 설탕을 넣는다.
7. 꿀 또는 설탕이 다 녹으면 라임즙을 넣고 불을 끈다.
8. 완전히 식으면 열탕 소독한 유리병에 시럽을 넣고 냉장고에 보관한다.

### 라즈베리+레몬 코디얼 시럽

**Ingredients**

물 150ml
냉동 라즈베리 250g
레몬 1개
꿀(또는 비정제 설탕) 250g

**Recipe**

1. 레몬을 베이킹소다, 굵은 소금, 식촛물 등을 이용해 깨끗하게 씻는다.
2. 그레이터로 레몬 겉껍질만 벗긴다.
3. 껍질을 벗긴 레몬을 반으로 잘라 즙을 짠다.
4. 냄비에 냉동 라즈베리, 꿀 또는 비정제 설탕, 레몬 겉껍질을 넣고 약불에 10분간 주걱으로 저어가며 끓인다.
5. 끓인 내용물을 체에 넣어 곱게 거른 후 분량의 물을 붓고 10분간 약불로 졸인다.
6. 레몬즙을 넣고 불을 끈다.
7. 완전히 식으면 열탕 소독한 유리병에 시럽을 넣고 냉장고에 보관한다.

### CHECK

1. 그레이터로 라임이나 레몬 겉껍질을 벗길 때 속껍질의 흰 부분이 들어가면 쓴맛이 나니 조심한다.
2. 취향에 따라 생강, 신선한 베리류, 시트러스 계열의 과일들, 식용꽃, 각종 허브를 추가한다.
3. 물, 스파클링 워터, 차, 칵테일, 셔벗, 주스, 요구르트 등에 넣어 먹으면 맛있다.
4. 잼 또는 샐러드 드레싱이나 소스로 활용 가능하다.

**Q&A** ── **Q** 유기농 과일을 써야 하나요?

**A** 오렌지, 자몽, 레몬, 포도 등의 과일에는 껍질에 영양분이 가장 많이 들어 있어요. 그러니 가능한 한 유기농 과일을 구입해 깨끗하게 씻어 껍질째 디톡스 워터에 넣어주세요. 유기농 과일을 구하지 못한 경우에는 껍질을 벗겨내고 만들면 됩니다.

CHAPTER 3

## 스위트 디톡스 워터
sweet detox water

과일과 허브가 가진 수용성 비타민과 미네랄, 식이섬유 등이 우러난 디톡스 워터를
꾸준히 마시면서 내 몸의 변화를 확인해 보세요. 노폐물이 빠지면서 피부가 맑아지고,
머릿결이 좋아지고, 붓기가 사라질 거에요.

# 체리
# 파인애플
# 코코넛 워터

체리는 퀘세틴과 안토시아닌이 풍부한데, 모두 강력한 항산화물질이에요. 세포의 손상을 막고, 혈액을 맑게 하며, 심장 질환의 위험을 줄여줍니다. 파인애플은 피부 트러블이 있을 때, 변비가 심할 때 먹으면 좋아요.

## Ingredients

물 250ml
코코넛 워터 250ml
체리 7~8개
파인애플 100g

## Recipe

1. 깨끗이 씻은 체리를 반으로 잘라 씨를 제거한다.
2. 껍질을 솔로 문질러 씻은 파인애플을 반달 모양으로 썬다.
3. 유리병에 체리, 파인애플을 넣고 코코넛 워터와 물을 붓는다.
4. 뚜껑을 닫아 냉장고에 넣고 24시간 이내에 마신다.

# Sweet detox

CHERRY
PINEAPPLE
COCONUT WATER

# 오렌지
# 당근
# 타임

오렌지, 당근, 타임의 노랑·주황·초록색이 경쾌하게 잘 어울리는 달콤한 디톡스 워터입니다.
감기 예방, 면역 기능 강화, 화이트닝, 안티에이징 등의 효과가 탁월해요.

## Ingredients

물 1ℓ
오렌지 1/2개
당근 1/3개
타임 적당량

## Recipe

1. 깨끗이 씻은 오렌지를 반으로 자른 뒤 3~4mm 두께로 얇게 썬다.
2. 필러나 슬라이스 채칼을 이용해 당근을 얇게 썬다.
3. 유리병에 오렌지, 당근을 넣고 손질한 타임을 예쁘게 끼운다.
4. 분량의 물을 붓고 뚜껑을 닫아 냉장고에 넣은 뒤 24시간 이내에 마신다.

# Sweet detox

ORANGE
CARROT
THYME

# 자몽
# 라임
# 로즈메리

자몽과 라임의 쌉싸름하고 새콤한 맛에 로즈메리 특유의 신선한 향이 더해진 디톡스 워터입니다. 오렌지, 레몬, 자몽, 라임 등 시트러스 계열의 과일은 장시간 껍질째 우릴 때 쓴 맛이 날 수 있으니 맛을 보고 건져내세요.

## Ingredients

물 1ℓ
자몽 1/2개
라임 1/2개
로즈메리 2줄기

## Recipe

1. 자몽, 라임을 솔로 문질러 깨끗하게 씻는다.
2. 자몽, 라임을 반으로 잘라 껍질째 3~4mm 두께로 얇게 썬다.
3. 로즈메리는 흐르는 물에 씻는다.
4. 유리병에 손질한 자몽, 라임을 넣고 로즈메리를 끼운다.
5. 물을 붓고 뚜껑을 닫아 냉장고에 넣고 우려내어 마신다.

# Tasty detox

GRAPEFRUIT
LIME
ROSEMARY

# 라임
# 딸기
# 리치

리치는 부드럽고 달콤한 맛이 나지만 저열량, 저지방 식품이어서 다이어트에 적합해요.
라임도 칼로리가 낮아서 함께 마시면 체중 감량에 도움이 됩니다.
반면 비타민이 풍부해서 감기 예방, 피로 회복에 좋아요.

## Ingredients

물 1ℓ
라임 1/2개
딸기 5개
리치 7개

## Recipe

1. 깨끗이 씻은 라임을 반으로 잘라 껍질째 3~4mm 두께로 얇게 썬다.
2. 딸기는 꼭지를 자르고 2~3조각으로 썬다.
3. 리치는 껍질을 벗긴다.
4. 유리병에 라임, 딸기, 리치를 담고 물을 붓는다.
5. 냉장고에 넣은 뒤 24시간 이내에 마신다.

# Sweet detox

CHERRY
APRICOT
ROSEMARY

# 체리
# 살구
# 로즈메리

비타민A가 풍부한 살구는 야맹증을 예방하고 혈관을 튼튼하게 만들어줘요.
체리와 살구 모두 항산화작용이 뛰어나 피부 미용과 탄력, 안티에이징에 효과적이에요.

## Ingredients

물 1ℓ
체리 7~8개
살구 3개
로즈메리 2줄기

## Recipe

1. 체리와 살구는 깨끗이 씻어 반으로 잘라 씨를 제거한다.
2. 풍미를 더하기 위해 로즈메리를 준비한다.
3. 유리병에 체리, 살구를 담고 로즈메리를 예쁘게 끼운다.
4. 물을 붓고 뚜껑을 닫아 냉장고에 넣은 뒤 24시간 이내에 마신다.

# 레몬
# 체리
# 바질

레몬과 체리가 만나 상큼 달콤해진 물에 바질의 산뜻한 향기가 더해져 마음을 안정시키고 기분을 좋아지게 만드는 디톡스 워터입니다. 피곤하거나 잠이 잘 오지 않고 신경이 예민한 날에 마시면 좋아요.

## Ingredients

물 1ℓ
레몬 1/2개
체리 7~8개
바질 5장

## Recipe

1. 깨끗이 씻은 레몬을 반으로 자른 뒤 3~4mm 두께로 얇게 썬다.
2. 체리는 반으로 잘라 씨를 제거한다.
3. 바질을 흐르는 물에 씻는다.
4. 유리병에 레몬, 체리, 바질을 넣고 물을 붓는다.
5. 뚜껑을 닫아 냉장고에 넣은 뒤 24시간 이내에 마신다.

# Sweet detox

LEMON
CHERRY
BASIL

# 오렌지 바나나 레몬밤

부드럽고 달달한 바나나는 사과보다 4배나 많은 칼륨을 가지고 있어 몸속 노폐물과 나트륨 배출에 효과적이에요. 붓기 제거에도 좋답니다.

## Ingredients

물 1ℓ
오렌지 1/2개
바나나 1/2개
레몬밤 2줄기

## Recipe

1. 깨끗이 씻은 오렌지를 반으로 잘라 3~4mm 두께로 얇게 썬다.
2. 바나나는 껍질을 벗겨 3mm 두께로 썬다.
3. 흐르는 물에 레몬밤을 씻는다.
4. 유리병에 손질한 오렌지, 바나나, 레몬밤을 넣는다.
5. 물을 붓고 뚜껑을 닫아 냉장고에 넣고 우려내어 마신다.

# 청포도
# 라임
# 딜

신맛이 강한 라임과 단맛이 강한 청포도에 독특하고 산뜻한 딜의 향기가 어우러져 조화를 이루는 디톡스 워터입니다. 청포도에 풍부한 칼륨이 노폐물과 독소 배출을 효과적으로 도와줍니다.

## Ingredients

물 1ℓ
청포도 20알
라임 1/2개
딜 2줄기

## Recipe

1. 청포도는 반으로 잘라 씨를 제거한다.
2. 깨끗이 씻은 라임을 반으로 자른 뒤 3~4mm 두께로 얇게 썬다.
3. 딜은 깨끗이 씻는다.
4. 준비한 병에 청포도, 라임, 딜을 넣고 물을 붓는다.
5. 뚜껑을 닫아 냉장고에 넣은 뒤 24시간 이내에 마신다.

# Sweet detox

GREEN GRAPE
LIME
DILL

# 골드키위
# 딸기
# 레드글로브
# 애플민트

골드키위, 딸기, 레드글로브 모두 엽산이 풍부한 과일이어서 임산부에게 좋은 디톡스 워터입니다.
달콤한 맛에 더해진 애플민트의 사과향이 스트레스를 줄여주는 효과를 보여요.

## Ingredients

물 1ℓ
골드키위 1개
딸기 5개
레드글로브 10알
애플민트 2줄기

## Recipe

1. 골드키위는 껍질을 벗기고 3~4mm 두께로 둥글게 썬다.
2. 딸기는 꼭지를 자르고 2~3조각으로 썬다.
3. 레드글로브는 반으로 잘라 씨를 제거한다.
4. 애플민트는 흐르는 물에 씻는다.
5. 유리병에 골드키위, 딸기, 레드글로브, 애플민트를 넣고 물을 붓는다.
6. 뚜껑을 닫아 냉장고에 넣은 뒤 24시간 이내에 마신다.

# Sweet detox

GOLD KIWI
STRAWBERRY
RED GLOBE
APPLEMINT

## 디톡스 아이스큐브, 아이스바 만들기

뜨거운 햇살 아래 무더운 일상에 지쳤다면 냉장고 속 과일과 허브를 이용해 디톡스 아이스큐브와 아이스바를 만들어보자. 갈증이 심할 때 디톡스 아이스큐브를 물이나 음료에 넣어 마시면 모양도 예쁘고 맛도 좋은 건강 음료가 완성된다. 과일과 허브가 예쁘게 박힌 디톡스 아이스바는 아이들 간식이나 손님 접대용 디저트로 내놓아도 손색이 없다. 아래에 소개한 레시피를 기본으로 다양한 과일과 허브를 사용해 자신만의 건강한 디톡스 아이스큐브, 아이스바 레시피를 완성해 보자.

## 블루베리 + 라즈베리 디톡스 아이스큐브

### Ingredients

디톡스워터 300ml
블루베리 20개
라즈베리 20개

### Recipe

❶ 책에 나온 레시피를 참고해 원하는 디톡스 워터를 만든다.
❷ 블루베리, 라즈베리를 씻어 아이스큐브 틀에 넣는다.
❸ 디톡스 워터를 붓고 냉동실에 넣어 얼린다.
❹ 스파클링 워터나 음료에 완성된 디톡스 아이스큐브를 넣어 마신다.

### CHECK

1. 이 책에서는 50페이지의 오렌지, 당근, 타임 디톡스 워터를 사용했다.
2. 애플민트, 스피아민트, 로즈메리, 바질 등 취향에 따라 들어갈 허브를 고른다.
3. 아이스바 몰드는 인터넷 쇼핑몰이나 대형 마트에서 구입 가능하다.

## 살구 + 레몬 디톡스 아이스바

### Ingredients

디톡스워터 200ml (3개 분량)
살구 2개
레몬 3조각
레몬즙 1TS
애플민트 적당량
아가베시럽 3TS

### Recipe

❶ 책에 나온 레시피를 참고해 원하는 디톡스 워터를 만든다.
❷ 깨끗이 씻은 살구는 반으로 잘라 씨를 제거하고 4조각으로 썬다.
❸ 깨끗이 씻은 레몬을 반달 모양으로 얇게 썰고, 즙을 낸다.
❹ 분량의 디톡스 워터에 아가베 시럽과 레몬즙을 넣고 섞는다.
❺ 아이스바 몰드에 과일을 나누어 담고 애플민트를 장식한 뒤 ④를 붓는다.
❻ 냉동실에 넣어 얼려 먹는다.

**Q&A** — **Q 냉동 과일을 써도 될까요?**

**A** 국내에서 재배한 제철 과일은 생과일을 쓰는 것이 좋아요. 하지만 블루베리나 라즈베리, 리치처럼 해외에서 주로 수입하는 과일은 이동 경로가 길기 때문에 수확과 동시에 바로 냉동시키는 것이 영양 손실이 적어요. 디톡스 워터를 만들 때 냉동 과일을 사용해도 무방합니다.

## Chapter 4

# 플레버리 디톡스 워터
### flavory detox water

콜럼버스가 신대륙을 발견하는 계기가 될 정도로 역사 속에서 많은 사랑을 받은 향신료를 디톡스 워터에 풍덩 넣어보세요. 달콤하고 매콤하고 쌉쌀하고 은근한 향기가 맛과 효능을 업업! 더욱 즐거운 디톡스 워터 라이프를 만들어 줍니다.

# 오렌지 + 시나몬 스틱 + 팔각

달콤한 맛이 나는 시나몬 스틱이 달달한 오렌지, 은근하게 매콤달콤한 팔각과 만나 '달콤함'을 연주해요. 독소를 배출시켜 피부와 모세혈관을 튼튼하게 해주고, 혈액순환을 촉진시켜 노화를 방지합니다.

### Ingredients

물 1ℓ
오렌지 1개
시나몬 스틱 2개
팔각 2개

### Recipe

1. 깨끗이 씻은 오렌지를 반으로 자른 뒤 3~4mm 두께로 얇게 썬다.
2. 준비한 병에 오렌지, 시나몬 스틱과 함께 팔각을 넣고 물을 붓는다.
3. 뚜껑을 닫아 냉장고에 넣은 뒤 24시간 이내에 마신다.

# 복숭아 + 살구 + 시나몬 스틱

달콤한 복숭아는 간과 위장 기능 개선, 신경 안정, 숙취 해소 등에 아주 좋은 과일이에요. 스트레스가 심할 때, 감기나 몸살 기운이 나타날 때, 속이 더부룩할 때 복숭아와 시나몬 스틱이 들어간 디톡스 워터를 마시면 편안해질 거예요.

## Ingredients

물 1ℓ
복숭아 1개
살구 3~4개
시나몬 스틱 2개

## Recipe

1. 깨끗이 씻은 복숭아를 반으로 자른 뒤 씨를 제거하고 3~4mm 두께로 얇게 썬다.
2. 살구는 반으로 잘라 씨를 제거한다.
3. 유리병에 복숭아, 살구를 넣고 시나몬 스틱을 끼워넣는다.
4. 분량의 물을 붓고 뚜껑을 닫아 냉장고에 넣은 뒤 24시간 이내에 마신다.

# Flavory detox

PEACH
NECTARINE
CINNAMON STICK

# Flavory detox

FENNEL
TOMATO
BASIL
PEPPER

# 펜넬 + 토마토 + 바질 + 통후추

이탈리아 요리에 많이 쓰이는 바질은 토마토와 특히 잘 어울리는 허브입니다. 여기에 펜넬과 통후추를 더하면 비만과 노화를 방지하고 소화불량을 해소하는 멋진 디톡스 워터가 탄생합니다.

## Ingredients

물 1ℓ
펜넬 1/4개
토마토 1개
바질 5장
통후추 10알

## Recipe

1. 깨끗이 씻은 펜넬을 잘라 3~4mm 두께로 얇게 썬다.
2. 토마토는 둥글게 썬다.
3. 바질과 통후추는 흐르는 물에 가볍게 씻는다.
4. 유리병에 펜넬, 토마토, 바질을 넣고 통후추를 뿌린다.
5. 분량의 물을 붓고 뚜껑을 닫아 냉장고에 넣은 뒤 24시간 이내에 마신다.

# 사과 + 시나몬 스틱

사과는 칼륨과 수용성 식이섬유가 매우 풍부해 디톡스에 적합한 과일입니다.
사과와 시나몬 스틱이 장내 환경을 좋게 만들어 소화 흡수 및 배출을 도와줍니다.

### Ingredients

물 1ℓ
사과 1개
시나몬 스틱 2개

### Recipe

1. 깨끗이 씻은 사과를 3~4mm 두께로 얇게 썬다.
2. 유리병에 사과와 시나몬 스틱을 넣고 물을 붓는다.
3. 뚜껑을 닫아 냉장고에 넣은 뒤 24시간 이내에 마신다.

# 파인애플 + 리치
# 팔각 + 코코넛 워터

매콤한 단맛과 함께 강하고 독특한 향이 나는 팔각이 달콤한 파인애플, 부드러운 리치, 시원한 코코넛 워터를 감싸주는 디톡스 워터입니다. 식욕이 없을 때 입맛을 돋구고, 이뇨 작용을 도와 몸속 노폐물을 배출하는 효과가 좋아요.

## Ingredients

물 250ml
코코넛 워터 250ml
파인애플 100g
리치 7개
팔각 2개

## Recipe

1. 껍질을 솔로 문질러 씻은 파인애플을 반달 모양으로 썬다.
2. 리치는 껍질을 벗기고 팔각은 가볍게 헹군다.
3. 유리병에 파인애플, 리치, 팔각을 넣고 코코넛 워터와 물을 채운다.
4. 뚜껑을 닫아 냉장고에 넣고 24시간 이내에 마신다.

# 토마토 + 셀러리 + 정향

독특한 향을 지닌 토마토와 셀러리가 꽃봉오리를 따서 말린 정향과 만나 마치 신선한 그린샐러드를 마시는 듯한 느낌을 주는 디톡스 워터입니다. 칼로리가 낮아 다이어트에 효과적이고 이뇨 작용을 촉진시켜 노폐물과 독소 배출을 도와줍니다.

### Ingredients

물 1ℓ
토마토 1개
셀러리 1대
정향 3~5g

### Recipe

1. 토마토는 깨끗이 씻어 둥글게 썬다.
2. 셀러리는 얇게 썰고 정향은 살짝 헹군다.
3. 유리병에 토마토, 셀러리, 정향을 넣고 물을 채운다.
4. 뚜껑을 닫아 냉장고에 넣고 24시간 이내에 마신다.

# Flavory detox

TOMATO
CELERY
CLOVE

# 레몬 + 오이 + 타임

상큼한 레몬과 시원한 오이, 독특하고 강렬한 타임이 뿜어내는 신선한 향기가 스트레스를 완화하고 우울한 마음을 진정시키는 효과를 보여줍니다. 두통이 심하거나 속이 더부룩할 때, 잠이 오지 않아 괴로울 때 마시면 좋아요.

## Ingredients

물 1ℓ
레몬 1/2개
오이 1/3개
타임 적당량

## Recipe

1. 깨끗이 씻은 레몬을 반으로 자른 뒤 3~4mm 두께로 얇게 썬다.
2. 세척한 오이는 꼭지를 자르고 얇게 썬다.
3. 흐르는 물에 타임을 씻는다.
4. 준비한 병에 레몬, 오이를 넣고 타임으로 장식한다.
5. 분량의 물을 붓고 뚜껑을 닫아 냉장고에 넣고 우린다.

# Flavory detox

LEMON
CUCUMBER
THYME

# Flavory detox

FENNEL
CELERY
BEET

# 펜넬 + 셀러리 + 비트

달콤한 펜넬과 아삭아삭한 셀러리는 이뇨 작용을 도와 독소를 배출하는 해독 효과가 탁월합니다.
비트는 칼로리가 낮고 철분 함량이 높아 빈혈이 심하거나 다이어트를 할 때 좋아요.

## Ingredients

물 1ℓ
펜넬 1/4개
셀러리 1대
비트 2조각

## Recipe

1. 펜넬은 깨끗이 씻어 얇게 썬다.
2. 셀러리를 잘 씻는다.
3. 비트는 껍질을 벗기고 얇게 썬다.
4. 준비한 병에 펜넬, 셀러리, 비트를 넣고 물을 붓는다.
5. 뚜껑을 닫아 냉장고에 넣고 24시간 이내에 마신다.

# 라임 + 생강 + 레몬그라스 + 바질

비타민이 풍부한 라임과 몸을 따뜻하게 만드는 생강이 면역력을 높여 감기를 예방해 줍니다.
레몬그라스와 바질의 산뜻한 향기가 심신을 안정시키고 소화를 촉진합니다.

## Ingredients

물 1ℓ
라임 1개
생강 10g
레몬그라스 2개
바질 5장

## Recipe

1. 라임은 깨끗이 씻어 3mm 두께로 얇게 썬다.
2. 생강은 깨끗이 씻어 얇게 저민다.
3. 레몬그라스와 바질은 흐르는 물에 씻는다.
4. 유리병에 라임, 생강, 레몬그라스, 바질을 넣고 물을 채운다.
5. 뚜껑을 닫아 냉장고에 넣고 24시간 이내에 마신다.

# 사과 + 배 + 레몬밤 + 팔각

콜레스테롤 수치를 낮추고 염분을 배출시키는 사과와 이뇨·해독 작용이 탁월한 배, 팔각이 맛의 조화를 이루는 디톡스 워터입니다. 레몬밤의 새콤한 향기가 마음을 안정시켜 주고, 생리통을 가라앉게 합니다.

## Ingredients

물 1ℓ
사과 1/2개
배 1/2개
레몬밤 2줄기
팔각 2~3개

## Recipe

1. 사과와 배를 씻어 반으로 자른 뒤 3~4mm 두께로 얇게 썬다.
2. 레몬밤은 흐르는 물에 씻어 이파리를 딴다.
3. 준비된 병에 사과, 배, 레몬밤과 팔각을 넣는다.
4. 분량의 물을 붓고 뚜껑을 닫아 냉장고에 넣은 뒤 24시간 이내에 마신다.

# Flavory detox

APPLE
PEAR
LEMON BALM
STAR ANISE

# DETOX & SPICE STORY

좋은 향기와 약효를 가진 식물 중에서 줄기와 잎을 사용하면 '허브'라 하고 열매, 씨앗, 껍질, 뿌리 등을 사용하면 스파이스(spice) 또는 향신료(香辛料)라고 한다. 향신료는 칼슘이나 마그네슘과 같은 무기질이 풍부하고 각종 약리 성분을 지니고 있어 소화 흡수 촉진, 살균, 항균, 이뇨 촉진 작용 등을 한다.

**시나몬** | 후추, 정향과 함께 3대 향신료로 꼽히는 시나몬은 독특한 청량감과 달콤한 맛, 고상한 향이 특징이다. 육계나무 껍질을 떼어내어 하룻동안 말려서 만든다. 맛과 향이 계피와 비슷하지만 좀더 순하고 부드럽다. 가루보다는 스틱 형태를 구입하는 것이 좋다.

**카르다몸** | 인도 서남부, 스리랑카가 원산지인 카르다몸은 재배, 수확, 관리가 힘들고 수확량에 비해 수요가 너무 많아 사프란과 바닐라 다음으로 가격이 비싸다. 소화를 돕고 정장 작용을 하며 체온을 일정하게 유지해 열사병을 예방한다. 상쾌한 향과 자극적인 쓴맛이 특징이다.

**팔각** | 팔각은 8개의 꼭짓점이 있는 별 모양으로 맛은 아니스와 비슷하지만 약간의 쓴맛과 함께 더 매콤한 단맛이 나며 부드럽고 달콤한 향기가 난다. 장에 가스가 찼을 때, 속이 울렁거릴 때 먹으면 좋고 식욕을 돋구는 효과가 있다.

**정향** | 인도네시아가 원산지인 정향은 유일하게 꽃봉오리를 쓰는 향신료로 자극적이지만 시원한 바나나향이 나고, 약간 쓴맛이 도는 상쾌한 맛을 낸다. 기침, 감기, 두통, 치통 완화에 좋고 소화기능을 강화하며, 열을 내리고 진통을 억제하는 효능이 있다.

요리할 때 향신료를 넣으면 톡 쏘는 맛과 향으로 음식 본연의 맛을 한층 살려주고, 육류나 생선의 불쾌한 냄새를 없애주며, 산화방지 작용이 있어 식품의 보존성을 높여준다. 디톡스 워터에 넣으면 구충 작용 및 노화 방지, 비만 예방 등 신진대사에 기여하는 효과를 느낄 수 있다.

**생강** | 뿌리를 쓰는 향신료로 알싸하고 매콤한 맛과 톡 쏘는 상쾌한 나무 향이 특징이다. 생강은 육류나 생선의 비린내 제거에 효과적이고 신진대사 촉진과 함께 냉증 완화, 진통 억제, 해열 효과 등 광범위한 약효가 있어 한방 약재로도 자주 쓰인다.

**육두구** | 인도네시아가 최대 산지인 육두구는 그윽하고 강한 향에 약간 쓰고 매운 맛이 난다. 소화 촉진과 식욕 증진의 효과가 있고 장을 튼튼하게 만들어 설사와 배앓이를 멈추게 하며 강장제로도 쓰인다.

**후추** | 어떤 요리와도 잘 어울리는 만능 향신료인 후추는 짜릿한 매운맛과 상큼하면서 자극적인 향이 특징이다. 베타카로틴과 칼륨, 칼슘, 식이섬유, 철분 등이 풍부하고 혈액 순환과 지방 연소, 소화 흡수를 돕는다.

**고지베리** | 비타민과 단백질, 철분과 칼슘, 아연, 항산화물질이 풍부하게 들어 있는 고지베리는 한국에서 '구기자'로 불리며 동의보감에 기록되었을 정도로 약효가 뛰어나다. 은은한 단맛이 나는 고지베리는 암을 예방하고, 혈압을 내려주고, 간 기능 활성화를 도우며, 세포 노화와 지방 축적을 억제한다.

**Q&A** — **Q** 디톡스 워터가 맞지 않는 사람도 있나요?

**A** 건조 과일을 이용해 디톡스 워터를 만들 경우, 생과일로 만들 때보다 당도가 높아집니다. 평소 혈당이 높으면 건조 과일보다는 생과일로 디톡스 워터를 만드는 것이 좋겠지요. 신장 관련 질환이 있다면 디톡스 워터를 마시지 않는 것이 좋고, 특정 과일에 알레르기가 있다면 레시피에 해당 과일이 있어도 그 과일은 빼고 만들어야 합니다.

## CHAPTER 5

## 릴렉싱 티톡스 워터
### relaxing teatox water

바쁜 일상 속 작은 여유를 즐기고 싶을 때, 지친 마음을 리프레시하고 싶을 때, 피로가 몰려올 때, 한 잔의 차처럼 좋은 친구도 없지요. 물이 아닌 차를 넣어 만든 티톡스(Teatox) 워터를 마시며 몸과 마음을 힐링해 보세요.

# 그린티
# 레몬
# 애플민트

은은한 그린티가 레몬과 애플민트의 향기를 더욱 돋보이게 해주는 티톡스 워터입니다.
소화 흡수와 신경 안정, 피로 회복에 효과가 좋아요.

## Ingredients

물 500ml
그린티 3g
레몬 1/2개
애플민트 1줄기

## Recipe

1. 물 150ml는 냄비에 끓이고, 나머지는 아이스큐브에 얼린다.
2. 물이 끓으면 불을 끄고 한 김 식힌다.
3. 85℃ 정도로 식은 물에 그린티 찻잎을 넣고 3분간 우린다.
4. 그린티 찻잎을 꺼내고 얼음을 부어 차갑게 식힌다.
5. 유리병에 레몬과 애플민트를 넣고 그린티를 채운다.
6. 뚜껑을 닫아 냉장고에 넣고 24시간 이내에 마신다.

## CHECK

✛ 찻잎은 티백 주머니나 다시백에 넣으면 편리하다. 인터넷 쇼핑몰 또는 대형 마트에서 구매 가능하다.

# 히비스커스 오렌지 생강

태양처럼 붉은 색상이 강렬한 히비스커스 차는 이뇨 작용을 도와서 몸속 노폐물을 배출하는데 탁월하고, 생리불순과 피부 미용에도 효과가 좋아요. 감기 기운이 있거나 피곤할 때 오렌지와 생강을 넣어 마시면 컨디션이 금세 돌아오는 걸 느낄 수 있어요.

## Ingredients

물 500ml
히비스커스 티백 1개
오렌지 1/2개
생강 5g

## Recipe

1. 깨끗이 씻은 오렌지를 반으로 자른 뒤 3~4mm 두께로 얇게 썬다.
2. 생강은 껍질을 벗기고 2mm 두께로 얇게 저민다.
3. 유리병에 오렌지, 생강, 히비스커스 티백을 넣고 물을 붓는다.
4. 뚜껑을 닫아 냉장고에 넣고 24시간 이내에 마신다.

# Relaxing teatox

HIBISCUS TEA
ORANGE
GINGER

# 캐모마일
# 오렌지
# 자몽
# 애플민트

옅은 단맛을 지닌 캐모마일의 향기가 오렌지와 자몽, 애플민트의 상큼한 맛을 잘 살려주는 티톡스 워터입니다. 복통, 소화불량, 변비, 설사 같은 증상이 나타날 때 마시면 효과가 무척 좋아요.

## Ingredients

물 500ml
캐모마일 티백 1개
오렌지 1/4개
자몽 1/4개
애플민트 1줄기

## Recipe

1. 깨끗이 씻은 오렌지와 자몽을 3~4mm 두께로 얇게 썬다.
2. 흐르는 물에 애플민트를 씻는다.
3. 유리병에 오렌지, 자몽, 애플민트, 캐모마일 티백을 넣고 물을 붓는다.
4. 뚜껑을 닫아 냉장고에 넣고 24시간 이내에 마신다.

# Relaxing teatox

CHAMOMILE TEA
ORANGE
GRAPEFRUIT
APPLEMINT

# 마테
# 라임
# 레몬그라스
# 애플민트

마테는 칼슘, 철분, 마그네슘 등 무기질 함유량이 높고, 녹차의 5배에 달하는 철 함유량을 가지고 있어요. 라임과 레몬그라스, 애플민트가 피로 회복과 감기 예방, 피부 미용을 도와줍니다.

## Ingredients

물 500ml
마테 3g
라임 1/2줄기
레몬그라스 2개
애플민트 2줄

## Recipe

1. 물 150ml는 냄비에 끓이고, 나머지는 아이스큐브에 얼린다.
2. 물이 끓으면 불을 끄고 한 김 식힌다.
3. 85℃ 정도로 식은 물에 마테 찻잎을 넣고 3분간 우린다.
4. 찻잎을 꺼내고 얼음을 부어 차갑게 식힌다.
5. 깨끗이 씻은 라임을 반으로 잘라 3~4mm 두께로 얇게 썬다.
6. 라임과 레몬그라스, 애플민트를 유리병에 넣고 마테 찻물을 붓는다.
7. 뚜껑을 닫아 냉장고에 넣고 24시간 이내에 마신다.

# Relaxing teatox

MATE TEA
LIME
LEMON GRASS
APPLEMINT

# 루이보스
# 바나나
# 카카오닙스

항산화 효과가 강력한 루이보스에 부드럽고 달콤한 바나나와 다크초콜릿처럼 쌉쌀한 카카오닙스가 퐁당! 노화 방지 효과가 탁월하고 카페인이 없어 임산부와 어린아이도 마실 수 있는 티톡스 워터입니다.

## Ingredients

물 500ml
루이보스 3g
바나나 1/2개
카카오닙스 1TS

## Recipe

1. 물 150ml는 냄비에 끓이고, 나머지는 아이스큐브에 얼린다.
2. 물이 끓으면 불을 끄고 한 김 식힌다.
3. 95℃ 정도로 식은 물에 루이보스 찻잎을 넣고 3분간 우린다.
4. 찻잎을 꺼내고 얼음을 부어 차갑게 식힌다.
5. 바나나는 껍질을 벗기고 2~3mm 두께로 얇게 썬다.
6. 유리병에 바나나와 카카오닙스를 넣고 루이보스 찻물을 붓는다.
7. 뚜껑을 닫아 냉장고에 넣고 24시간 이내에 마신다.

# 그린티
# 오렌지
# 타임

그린티와 오렌지의 비타민C가 감기를 예방하고, 살균력이 강한 타임이 불면증, 두통, 빈혈, 우울증 등을 개선해 줍니다. 꾸준히 마시면 혈색이 맑아지고 피부 탄력이 좋아지는 효과가 있어요.

## Ingredients

물 500ml
그린티 티백 1개
오렌지 1/2개
타임 적당량

## Recipe

1. 깨끗이 씻은 오렌지를 반으로 자른 뒤 3~4mm 두께로 얇게 썬다.
2. 흐르는 물에 타임을 씻는다.
3. 유리병에 오렌지와 타임, 그린티 티백을 넣고 물을 붓는다.
4. 뚜껑을 닫아 냉장고에 넣고 24시간 이내에 마신다.

# Relaxing teatox

GREEN TEA
ORANGE
THYME

# 히비스커스 + 로즈힙
# 레몬
# 블루베리

상쾌한 신맛을 가진 히비스커스와 향기로운 로즈힙을 블렌딩한 차에 새콤한 레몬과 신선한 블루베리를 넣으면 피부 재생 및 화이트닝, 안티에이징에 효과적인 티톡스 워터가 완성됩니다.

## Ingredients

물 500ml
히비스커스·로즈힙 블렌딩 티백 1개
레몬 1/3개
블루베리 10개

## Recipe

1. 깨끗이 씻은 레몬을 3~4mm 두께로 얇게 썬다.
2. 블루베리는 흐르는 물에 깨끗이 씻는다.
3. 유리병에 레몬, 블루베리, 히비스커스·로즈힙 티백을 넣고 물을 붓는다.
4. 뚜껑을 닫아 냉장고에 넣고 24시간 이내에 마신다.

# Relaxing teatox

HIBISCUS, ROSE HIP TEA
LEMON
BLUEBERRY

# Relaxing teatox

ROOIBOS TEA
ORANGE
STRAWBERRY

# 루이보스 오렌지 딸기

루이보스는 카페인이 없고 철과 칼슘 등 미네랄이 풍부해 임산부와 아이가 마시면 좋은 차에요.
알레르기 증세를 완화하고, 노화를 방지하고, 피부 노화를 막아주는 효과가 있어요.
달콤한 오렌지, 딸기와 함께 피부에 수분과 비타민을 선물해 주세요.

## Ingredients

물 500ml
루이보스 3g
오렌지 1/3개
딸기 3개

## Recipe

1. 물 150ml는 냄비에 끓이고, 나머지는 아이스큐브에 얼린다.
2. 물이 끓으면 불을 끄고 한 김 식힌다.
3. 95℃ 정도로 식은 물에 루이보스 찻잎을 넣고 3분간 우린다.
4. 찻잎을 꺼내고 얼음을 부어 차갑게 식힌다.
5. 깨끗이 씻은 오렌지를 3~4mm 두께로 얇게 썰고, 딸기는 3등분한다.
6. 유리병에 오렌지, 딸기를 넣고 루이보스 찻물을 붓는다.
7. 뚜껑을 닫아 냉장고에 넣고 24시간 이내에 마신다.

# 캐모마일
# 천도복숭아
# 복숭아

기원전부터 약초로 재배되었을 정도로 약효가 뛰어난 캐모마일에 달콤한 천도복숭아와 복숭아를 넣으면 감미로운 티톡스 워터가 완성됩니다. 두통, 신경통, 위장장애, 인후염 등의 증세를 완화시키는 효과가 있고 몸을 따뜻하게 만들어 주는 효능이 있어 손발이 찬 사람에게 좋아요.

## Ingredients

물 500ml
캐모마일 티백 1개
천도복숭아 1/2개
복숭아 1/4개

## Recipe

1. 깨끗이 씻은 천도복숭아와 복숭아를 3~4mm 두께로 얇게 썬다.
2. 유리병에 천도복숭아, 복숭아, 캐모마일 티백을 넣고 물을 붓는다.
3. 뚜껑을 닫아 냉장고에 넣고 24시간 이내에 마신다.

# DETOX & HERB STORY

허브(herb)라는 말은 라틴어로 풀을 의미하는 허바(herba)에서 유래되었다. 현대에는 '잎이나 줄기가 식용과 약용으로 쓰이거나 향과 향미(香味)로 이용되는 식물'의 의미로 쓰인다. 잎, 꽃잎, 열매 등을 모두 사용할 수 있는 허브는 무엇을 사용하느냐에 따라 맛과 효능이 천차만별이 된다.

**세이지** | 중국차가 전래되기 전 유럽에서는 세이지를 약용차로 상용했다. 영국에서는 셀비어라고 부르며 정장 작용을 해서 배탈을 예방하고 해열 및 위통에도 약효가 있다. 향은 상쾌하지만 강렬하므로 조금만 넣어 사용한다.

**오레가노** | 톡 쏘는 박하같은 향기가 인상적인 오레가노는 맵고 쌉쌀한 맛이 나는데 토마토와 함께 요리하면 굉장히 잘 어울려 이탈리아 요리와 피자에 많이 사용된다. 그리스·로마 시대부터 약으로 썼을 만큼 진통, 진정, 강장 효과가 뛰어나다.

**레몬밤** | 지중해 연안부터 중앙아시아까지가 원산지인 시소과 식물로 불안 해소 등 심신안정 작용에 특히 효과가 좋다. 마음에 활력을 되찾고 싶을 때 세이지와 함께 마셔보자. 레몬에 단맛을 더한 것과 같은 감귤향이 난다.

**로즈메리** | 지중해가 원산지로 살균 작용과 방충 효과가 있다. 향이 강하고 자극적이며 음식물의 부패를 막는 효과가 있어 고기나 생선 요리에 사용된다. 신선한 허브향을 느끼고 싶을 때 사용하면 좋다.

유독 피곤하거나 소화가 잘 되지 않을 때, 기침 감기가 심할 때처럼 평소와는 다르게 컨디션이 좋지 않은 날에는 디톡스 워터에 청량감을 더해 기분을 전환해보자. 신선한 허브를 물에 넣고 우리면 그윽한 향기와 함께 특유의 깔끔하고 부드러운 맛이 컨디션 회복을 도와줄 것이다.

**딜** | 잎이 깃털같이 생긴 딜은 진정 작용과 최면 효과가 있어 복통이 심하거나 신경이 예민할 때, 불면증이 심할 때 먹으면 좋다. 지중해 연안과 인도, 아프리카 북부, 러시아, 스칸디나비아 등에서 요리에 많이 쓰인다. 달콤상쾌한 향이 나고 씨와 잎 모두 사용 가능하다.

**타임** | 지중해 연안과 북유럽이 원산지인 타임은 상쾌한 향이 매우 자극적이다. 항균력이 강해 옛날부터 방부제나 보존제로 사용되어 왔다. 진통 억제, 해열, 정장 작용에 강한 효능이 있다.

**민트** | 유럽, 지중해 연안, 서아시아가 원산지인 허브로 고대 그리스와 로마시대부터 몸의 정화나 식사 시의 살균, 종교 의식 등에 폭넓게 이용되었다. 후련하게 상쾌한 향이 특징으로 요리, 과자, 음료 등에 널리 사용하며 스피어민트, 페퍼민트, 애플민트, 바나나민트 등 다양한 종류가 있다.

**바질** | 인도가 원산지인 바질은 잎과 줄기 모두 사용 가능한데 상큼한 향에 약간 맵싸한 맛이 난다. 비타민E와 철분, 칼슘, 카로틴 등이 풍부하고 두통과 신경과민, 구내염, 불면증 등을 완화하는 효과가 있다.

**Q&A**

**Q** 휴대가 가능한가요?

**A** 디톡스 워터를 물병에 넣어 가지고 다니다가 온도가 높아지거나 직사광선을 받으면 과일이 쉽게 무르거나 부패해 식중독에 걸릴 수 있습니다. 디톡스 워터를 가지고 다니며 마시고 싶다면 전날 미리 보틀에 넣어 얼린 후 보냉팩에 넣어 휴대할 것을 추천합니다.

## CHAPTER 6

# 이지 디톡스 워터
### easy detox water

과일과 허브를 구입해서 세척하고, 손질하고, 자르고, 써는 과정 때문에
디톡스 워터 도전이 망설여졌다면 건조 과일을 이용해 보세요. 말린 과일 두어 조각을
물에 넣으면 끝! 이보다 더 쉬울 수 없는 이지 디톡스 워터를 소개합니다.

# 레몬 + 오렌지 + 용과

동남아 이색 과일인 용과(龍果)에는 비타민과 항산화물질이 가득해요. 향긋한 레몬, 달콤한 오렌지와 함께 마시면 피부를 맑고, 건강하고, 탄력 있게 만들어 줘요.

### Ingredients

물 500ml
건조 레몬 2개
건조 오렌지 2개
건조 용과 2개

### Recipe

1. 유리병이나 보틀에 건조 레몬, 건조 오렌지, 건조 용과를 넣고 물을 채운다.
2. 뚜껑을 닫아 냉장고에 넣고 24시간 이내에 마신다.
3. 같은 양의 물을 붓고 1~2번 더 우려 마신다.

### CHECK

✤ 원하는 과일을 골라 껍질을 깨끗하게 세척하고 얇게 썰어 건조기에 말린 후 밀봉하여 냉동실에 보관한다.
✤ 인터넷 쇼핑몰이나 대형 마트에서 건조 과일을 구입하면 개별 포장되어 있어 사용하기 편리하다.

# Easy detox

DRIED LEMON
DRIED ORANGE
DRIED DRAGON FRUIT

# 레몬 + 자몽 + 골드키위

비타민C의 대명사 레몬과 칼륨이 풍부한 자몽, 식이섬유와 엽산이 가득한 골드키위가 만나면 노화 방지와 체중 감량, 콜레스테롤 수치 저하에 효과적인 디톡스 워터가 완성됩니다. 꾸준히 마시면 머릿결이 반짝반짝 윤이 나요.

## Ingredients

물 500ml
건조 레몬 2개
건조 자몽 2개
건조 골드키위 2개

## Recipe

1. 유리병이나 보틀에 건조 레몬, 건조 자몽, 건조 골드키위를 넣고 물을 채운다.
2. 뚜껑을 닫아 냉장고에 넣고 24시간 이내에 마신다.
3. 같은 양의 물을 붓고 1~2번 더 우려 마신다.

## CHECK

✛ 과일을 건조하면 수분 함유량이 줄어들면서 부피가 감소해 장기 보관이 용이하고 영양이 응집되어 질병 예방에 효과적이다.
✛ 스파클링 워터와도 잘 어울린다.

# Easy detox

DRIED LEMON
DRIED GRAPEFRUIT
DRIED GOLD KIWI

# 레몬 + 풋사과

이름처럼 풋풋한 레몬과 풋사과의 조합이 만든 달콤한 향기가 마음을 편안하게 해주는 디톡스 워터입니다. 풋사과의 폴리페놀이 변비를 해소하고 독소를 배출해 피부 트러블을 사라지게 합니다.

## Ingredients

물 500ml
건조 레몬 2개
건조 풋사과 5~6개

## Recipe

1. 유리병이나 보틀에 건조 레몬, 건조 풋사과를 넣고 물을 채운다.
2. 뚜껑을 닫아 냉장고에 넣고 24시간 이내에 마신다.
3. 같은 양의 물을 붓고 1~2번 더 우려 마신다.

### CHECK

✤ 유리병이나 보틀 입구가 좁아 건조 과일이 잘 들어가지 않을 때 물에 살짝 적시면 쉽게 넣을 수 있다.

# Easy detox

DRIED LEMON
DRIED GREEN APPLE

# 레몬 + 라임 + 자몽 + 사과

비타민이 풍부한 과일들을 조합해 피로 회복과 감기 예방, 피부 미용에 효과적인 디톡스 워터입니다.
은은하게 느껴지는 상쾌한 과일 향이 스트레스를 완화해 피부 트러블을 해소합니다.

### Ingredients

물 500ml
건조 레몬 1개
건조 라임 1개
건조 자몽 2개
건조 사과 2개

### Recipe

1. 유리병이나 보틀에 건조 레몬, 건조 라임, 건조 자몽, 건조 사과를 넣고 물을 채운다.
2. 뚜껑을 닫아 냉장고에 넣고 24시간 이내에 마신다.
3. 같은 양의 물을 붓고 1~2번 더 우려 마신다.

# Easy detox

DRIED LEMON
DRIED LIME
DRIED GRAPEFRUIT
DRIED APPLE

# 레몬 + 사과 + 비트

레몬과 사과의 상큼함에 비트 한 조각을 추가하면 수줍게 빛나는 진분홍빛의 디톡스 워터가 완성됩니다. 비트는 칼로리가 낮아 다이어트에 좋고, 비타민과 철분이 풍부해 빈혈 예방에 효과적이에요.

## Ingredients

물 500ml
건조 레몬 2개
건조 사과 3개
건조 비트 1개

## Recipe

1. 유리병이나 보틀에 건조 레몬, 건조 사과, 건조 비트를 넣고 물을 채운다.
2. 뚜껑을 닫아 냉장고에 넣고 24시간 이내에 마신다.
3. 같은 양의 물을 붓고 1~2번 더 우려 마신다.

# Easy detox

DRIED ORANGE
DRIED APPLE
DRIED BEET

# 레몬 + 파인애플 + 키위 + 오렌지

키위는 비타민C와 함께 식이섬유, 액티니딘이 풍부해 소화 기능을 높이고 변비를 줄이며 독소를 용이하게 배출해 줍니다. 키위, 오렌지, 레몬 모두 항산화작용이 뛰어난 과일이라 지방 연소와 안티에이징에 탁월한 효과가 있어요.

## Ingredients

물 500ml
건조 레몬 1개
건조 파인애플 2개
건조 키위 2개
건조 오렌지 2개

## Recipe

1. 유리병이나 보틀에 건조 레몬, 건조 파인애플, 건조 키위, 건조 오렌지를 넣고 물을 채운다.
2. 뚜껑을 닫아 냉장고에 넣고 24시간 이내에 마신다.
3. 같은 양의 물을 붓고 1~2번 더 우려 마신다.

하루 한 병 산뜻하고 가볍게
## 디톡스 워터 라이프

초판 1쇄 인쇄 | 2016년 9월 2일
초판 1쇄 발행 | 2016년 9월 7일
지은이 | 이진희
기획 | 이현정
진행 | 구민서

발행인 | 한정희
발행처 | 종이와나무
출판신고 | 2015년 12월 21일 제406-2007-000158호
주소 | 경기도 파주시 회동길 445-1 경인빌딩 B동 4층
전화 | 031-955-9300
팩스 | 031-955-9310
홈페이지 | http://www.kyunginp.co.kr
이메일 | kyungin@kyunginp.co.kr

이 책은 저작권법에 의해 보호받는 저작물이므로 내용의 일부를 인용하거나 발췌하는 것을 금합니다.

ISBN 979-11-957602-2-0 (13590)
값은 뒤표지에 있습니다.